Wanda Einstein

WOHLFÜHLZONE

Arbeitszimmer

DER SICHERE WEG ZU MEHR
ZUFRIEDENHEIT UND ZU EINER
GEORDNETEN, PRODUKTIVEN
ARBEITSATMOSPHÄRE

GRATIS-DOWNLOADS
zum Methodentraining

Sichern Sie sich 2 originelle, komplett ausgearbeitete Unterrichtsstunden, die aus dem Stegreif in maximal 5 Minuten vorbereitet sind – ideal für Vertretungsstunden.

Download der Gratis-Materialien unter
www.auer-verlag.de/06791DK1

Wir haben uns für die Schreibweise mit dem Sternchen entschieden, damit sich Frauen, Männer und alle Menschen, die sich anders bezeichnen, gleichermaßen angesprochen fühlen. Aus Gründen der besseren Lesbarkeit für die Schüler*innen verwenden wir in den Kopiervorlagen das generische Maskulinum.

Bitte beachten Sie jedoch, dass wir in Fremdtexten anderer Rechtegeber*innen die Schreibweise der Originaltexte belassen mussten.

In diesem Werk sind nach dem MarkenG geschützte Marken und sonstige Kennzeichen für eine bessere Lesbarkeit nicht besonders kenntlich gemacht. Es kann also aus dem Fehlen eines entsprechenden Hinweises nicht geschlossen werden, dass es sich um einen freien Warennamen handelt.

1. Auflage 2022
© 2022 Auer Verlag, Augsburg
AAP Lehrerwelt GmbH
Alle Rechte vorbehalten.

Autor*innen: Wanda Einstein
Covergestaltung: annette forsch konzeption und design, Berlin
Coverillustration: farbenfrosch, München
Illustrationen: farbenfrosch, München
Satz: tebitron gmbh, Gerlingen
Druck und Bindung: Druckerei Joh. Walch GmbH & Co. KG
ISBN 978-3-403-**08481**-5

www.auer-verlag.de

Inhaltsverzeichnis

Ihr Arbeitszimmer

Warum gibt es nun ein Buch über Ihr Arbeitszimmer? Ganz einfach! Das Arbeitszimmer ist neben der Schule der wichtigste Ort in Ihrem Arbeitsalltag als Lehrkraft. Sie arbeiten seit jeher einen großen Teil Ihrer Zeit von zu Hause aus. Hier bereiten Sie Unterricht vor, hier korrigieren Sie, hier bewahren Sie Ihre Materialien auf. Man könnte auch sagen: Hier spielt sich ein großer Teil Ihres Lebens ab. Vermutlich haben Sie in den letzten Monaten sogar häufiger von Ihrem Arbeitszimmer aus unterrichtet. Sie können deshalb sicherlich ein Lied von den schönen Momenten, aber auch von den Schwierigkeiten rund um das Arbeitszimmer singen und Sie kennen bestimmt auch das ein oder andere Problem mit der lieben Ordnung. Einige Kolleg*innen berichten von ganzen Materialetagen oder ausgebauten Kellerräumen, in welchen sich Bücher, Ordner und Materialkisten – mehr oder weniger ordentlich – stapeln. Und kurz vor der Rente wird dann alles verschenkt, entsorgt, sich befreit. Um Befreiung geht es auch bei den aktuellen „Gurus" des Aufräumtrends, die weltweit Bekanntheit erlangt haben, erst recht in den Monaten der Corona-Pandemie. Sie zeigen: Aufräumen, sich neu sortieren, sich entlasten geht auch schon vor der Rente, mitten im Berufsleben. Fangen Sie gleich heute an!

Marie Kondo ist der Star unter den Aufräumcoaches, sie geht davon aus, dass die Ordnung des Arbeitszimmers eng mit der inneren körperlichen Zufriedenheit und mit Glück zu tun hat (Marie Kondo: Joy at Work: Aufgeräumt und erfolgreich im Arbeitsleben, Wunderlich, Hamburg, 2020). Es geht ihr dabei nicht um Minimalismus, sondern darum, sich mit Schönem und Bedeutsamem zu umgeben. Etwas, das keinen Spaß macht, das man nicht mehr benötigt, das unwichtig geworden ist, das kann weg. Sie geht das Aufräumen dazu mit einer einfachen Frage an, nämlich: Was bereitet dir Freude?

Übertragen auf Ihren Schulalltag bedeutet dies: Was setzen Sie immer wieder gerne und erfolgreich ein? Was ist veraltet und kann weg? Was muss vielleicht überarbeitet werden? Haben Sie so Ordnung in Ihre Unterlagen gebracht, nehmen Sie sich Ihren Computer vor und entrümpeln und sortieren Sie auch hier einmal kräftig.

Und dann geht es um die schönen Dinge! Gestalten Sie Ihr Arbeitszimmer so um, dass Sie effektiv arbeiten können, gesund bleiben und sich wohlfühlen. Dieser Band begleitet Sie Stück für Stück dabei.

Viel Spaß und Erfolg!

Wanda Einstein

IHRE

*Aufräum-
challenge*

BEGINNT

Warum ist Aufräumen wichtig?

„Wer Ordnung hält, ist nur zu faul zum Suchen!" Haben Sie dieses bekannte Sprichwort auch schon einmal an Ihrer Schule gehört? Tatsächlich gibt es Kolleg*innen, die offen zugeben, dass sie in Ordnungsfragen keine Vorbilder sind. Oft haben diese Kolleg*innen andere Stärken: Vielleicht sind sie stattdessen besonders kreativ, engagiert oder hilfsbereit. In der Schule sorgt ein unordentliches Pult oder ein unaufgeräumter Lehrer*innenarbeitsplatz jedoch immer wieder für Tuschelei und Diskussionen. Doch das ist nicht alles!

Zu Hause führt ein unordentliches Arbeitszimmer zu Zeitverlust, Stress, Unruhe und verursacht Mehrkosten, Sie sind ständig auf der Suche nach Dingen. Das Chaos zu beseitigen, tut dann sehr gut: Haben Sie sich organisiert, können Sie sich besser konzentrieren, Sie sind kreativer, Sie gewinnen Zeit für sich, schaffen Raum für Neues und fühlen sich insgesamt wohler. Die neu geschaffene äußere Ruhe macht Sie gelassener und entspannter. Tun Sie sich also etwas Gutes!

Ausmisten mit Zeit und Plan

Der erste Schritt zur besseren Arbeitsorganisation ist das Ausmisten.

Stundenvorbereitungen, Protokolle, Beobachtungsnotizen: Mit der Zeit sammeln sich alle möglichen Unterlagen an, die oft unstrukturiert und an verschiedenen Stellen gesammelt werden. Je höher die Stapel sind, desto weniger sind Sie motiviert, diese durchzusehen und abzuarbeiten.

Haben Sie sich durchgerungen mit dem Ausmisten zu beginnen, planen Sie ein größeres Zeitfenster für den ersten Schritt ein. Nehmen Sie sich Zeit und fangen Sie zunächst in einer Ecke des Raumes an. Es ist motivierender, zuerst den Schreibtisch, das Regal oder die Kommode anzugehen und diese aufzuräumen und sich dann den nächsten Bereich vorzunehmen. Als Devise gilt dabei: nicht alles auf einmal, sondern Schritt für Schritt. Zu viele Baustellen sorgen für noch mehr Chaos und verhindern das Erfolgserlebnis.

Beginnen Sie im Arbeitszimmer am besten mit den Papierstapeln, Büchern und Arbeitsmaterialien. Sind diese bearbeitet, wirkt der Raum gleich viel aufgeräumter. Das motiviert Sie sofort, die Aufräumaktion fortzusetzen. Sortieren Sie die Dinge zunächst grob, dann gehen Sie die einzelnen vorsortierten Stapel an, trennen Wichtiges von Unwichtigem und heften die Unterlagen, die Sie noch benötigen, in den dafür vorgesehenen Ordnern ab.

Der Rest sollte als Schmierpapier verwendet oder aus Datenschutzgründen geschreddert werden. Wollen Sie das zerkleinerte Papier gerne noch verwenden, dann bietet sich im Unterricht das Arbeiten mit Pappmaschee an. Das zerkleinerte Papier bildet die kostengünstige Grundlage für das Gestalten von Figuren und anderen Elementen im Kunst- und Werkunterricht. Bieten Sie das geschredderte Papier auch den Kolleg*innen dieser Fächer an. Behalten Sie das Sortieren und Abheften in der Zukunft bei, möglichst regelmäßig nach einem festen Plan und zu festen Zeiten. Unterstützend wirkt hier eine Checkliste mit den wichtigsten noch zu erledigenden Aufgaben.

Für Unterlagen in Papierform gibt es unterschiedliche Sortier- und Ablagemöglichkeiten. Die folgende Struktur hat sich im Schulalltag bewährt:
Unterrichten Sie als Klassenlehrkraft, so legen Sie für diese Klasse einen übergeordneten Ordner für alle nicht unterrichtlichen Angelegenheiten an. Für die eigene Ordnung ist es hilfreich, wenn Sie für die

übergeordneten Ordner eine bestimmte Farbe wählen, z. B. Grau, und für jedes Fach eine eigene Farbe bestimmen, die immer gleich bleibt. Stimmen Sie die Farbe der Ordner gerne auf die Farben ab, die die Schüler*innen für Heftumschläge und Schnellhefter im jeweiligen Unterricht verwenden, dann fällt das Suchen, Finden und Zuordnen noch leichter.

Des Weiteren planen Sie für jedes Fach in dieser Klasse einen Ordner ein, entsprechend nach Schuljahr, Klasse und Fach (Schuljahr 2021/2022, Klasse 2a, Deutsch, Mathematik usw.) beschriftet. Legen Sie innerhalb dieses Ordners nun Unterkategorien an (Unterrichtsbereiche, Themen, Projekte etc.). Die Unterordner sollten in jedem Ordner immer nach einheitlicher Struktur enthalten sein. In die Ordner legen Sie jeweils Registerblätter ein, um die Unterordner klar voneinander abzugrenzen. Früher bestanden die Registerblätter oft aus gestalteten Seiten in Klarsichthüllen oder aus Plastiktrennblättern. Heute gibt es außerdem ökologische Register- oder Trennblätter aus umweltfreundlichem Recyclingkarton.

Fachlehrkräfte können für jede Klasse und ihr Fach ebenfalls solche Ordner anlegen (Schuljahr 2021/2022, Klasse 2a, Kunst) und in einem Unterordner dieses Ordners allgemeine Unterlagen sammeln. Einige Kolleg*innen raten dazu, Ordner anzulegen, in die am Ende eines Schuljahrs alle allgemeinen Unterlagen und alle durchgeführten Einheiten der jeweiligen Klassen – nach Fach, Thema und Klassenstufe sortiert – „umgezogen" werden. Diese Kolleg*innen lösen die einzelnen Ordner so auf, haben im laufenden Schuljahr immer nur die aktuellen Klassen griffbereit und können auf ein umfangreiches und übersichtliches Archiv an Unterrichtseinheiten der letzten Jahre zurückgreifen. Probieren Sie diese Sortierung doch einmal aus! Sie hat für Sie den Vorteil der Zeitersparnis, wenn Sie später gezielt Einheiten zu einem bestimmten Thema und einer Jahrgangsstufe wiederfinden möchten.

Persönliche Ordner haben nur dann etwas im Schulbereich zu suchen, wenn deren Inhalt den Berufsalltag in irgendeiner Weise betrifft. Legen Sie sich z. B. einen Ordner mit Referendarsunterlagen an, mit Fortbildungsunterlagen oder mit Beurteilungen.

Scannen Sie mithilfe eines Dokumentenscanners regelmäßig die Dinge ein, die Sie zwar gerne aufbewahren möchten, für die Sie aber räumlich keinen Platz haben.

Ab ins Schularchiv

Manche Unterlagen sind in einem gemeinsamen Schularchiv gut aufgehoben oder werden dort bereits archiviert. Verzichten Sie auf ein Zweitarchiv zu Hause.

Jäger*innen und Sammler*innen

Werfen Sie Kataloge von Verlagen und Lehrmittelhändler*innen sowie Fachzeitschriften regelmäßig weg oder ersetzen Sie diese durch digitale Varianten. Da freut sich auch die Umwelt.

🐝 Schluss mit der Zettelwirtschaft!

Regelmäßig benötigte Formulare und Listen in Papierform halten Sie am besten an einer gut zugänglichen Stelle bereit, z. B. in einer entsprechend beschrifteten Mappe, so können Sie jederzeit schnell und unkompliziert darauf zugreifen. Das können z. B. Telefonlisten sein, Checklisten oder Ihr Stunden- oder Aufsichtsplan. Apropos To-Do-Listen: Wenn Sie gerne auf Papier arbeiten, dann bieten sich schön gestaltete Notizbücher an. So vermeiden Sie die berühmte „Zettelwirtschaft" aus Klebezetteln, bei der jede*r irgendwann den Überblick verliert. Es gibt im Papeteriefachhandel eine Fülle an schön gestalteten Büchern für jeden Geschmack. So macht Ordnunghalten richtig Spaß! Und auch ein Schulplaner kann hier unterstützend wirken: Inzwischen bieten zahlreiche Verlage spezielle Schulplaner oder Lehrer*innenkalender an, da ist sicherlich etwas nach Ihrem Geschmack dabei. Wenn Sie sich lieber digital organisieren, finden Sie hilfreiche Tipps im Kapitel „Digitales Arbeiten im Distanzunterricht und in der Zukunft".

🐝 Vorausschauend denken

Überlegen Sie im Vorfeld, was Sie wirklich benötigen. Welche kostenlosen Materialien von einer Veranstaltung oder Messe brauchen Sie tatsächlich? Was müssen Sie wirklich von anderen kopieren? Viele Dinge wirken zunächst interessant und relevant, werden dann aber doch nie benötigt und landen früher oder später im Papierkorb.

🐝 Tagesgeschäft

Sortieren Sie die Unterlagen, die Sie aktuell für Ihren Unterricht oder für schulische Arbeitskreise u. Ä. benötigen, in ein ausreichend großes und eindeutig beschriftetes Ablagesystem in Reichweite Ihres Schreibtischs, nach Themen und Fächern geordnet. Ein Fach dieses Systems oder eine extra Ablage ist für verschiedene Unterlagen gedacht, die noch einsortiert werden müssen. Es gibt im Bürofachhandel oder speziell für Sie im Lehrmittelhandel gute Sortierstationen oder Ablagesysteme, die von der Größe her sicherlich gut in Ihr Arbeitszimmer passen.

🐝 Schreibtisch und Büro in Ordnung halten

Regelmäßige Rituale erleichtern es Ihnen, dass Sie in Sachen „Aufräumen" am Ball bleiben und dass nicht schon bald wieder Chaos herrscht. Legen Sie eine Ordnung für Ihre Materialien fest und halten Sie an dieser ganz bewusst fest. So finden Sie später die Dinge ganz sicher schnell wieder. Räumen Sie jeden Nachmittag Ihren Schreibtisch auf und sortieren Sie die herumliegenden Dinge an die richtige Stelle. Heften Sie am Ende der Woche Unterlagen und Materialien aus dem Ablagesystem ab, räumen Sie weg, was nicht mehr benötigt wird, legen Sie bereit, was Sie in den nächsten Wochen brauchen und wischen Sie den Schreibtisch ab. Nach Beendigung größerer Einheiten oder in regelmäßigen Intervallen sortieren Sie darüber hin aus Unterlagen aus und heften Sie sie ab. Lassen Sie alles, was Sie nicht mehr benötigen, regelmäßig in die Papiertonne oder in den Schredder wandern. Das klingt zwar erst einmal aufwendig, doch nur so erhalten Sie die Ordnung langfristig für die Zukunft.

In den Schulferien stehen dann größere Putzaktionen an: Fürs Abwischen und Abstauben, Boden- und Fensterputzen haben Sie jetzt etwas mehr Zeit.

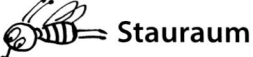 **Stauraum**

Ausreichend Stauraum ist für Sie essenziell. Im Kapitel „Die Einrichtung für Ihr Arbeitszimmer" finden Sie Vorschläge für nötige Aufbewahrungsmöglichkeiten in Ihrem Arbeitszimmer.

Rotstift, Stempel, Wörterbuch

Die Büromaterialien und Bücher, die Sie für Ihre Tätigkeit am Schreibtisch brauchen, sollten so platziert sein, dass Sie sie schnell griffbereit haben. Sortieren Sie aus, was nicht mehr benötigt wird, und werfen Sie weg, was nicht mehr funktioniert. Für die Aufbewahrung gibt es zahlreiche Ordnungssysteme, extra oder auch in den Schreibtisch integriert. Ein kleines Schränkchen neben dem Schreibtisch oder ein Rollcontainer haben sich oftmals bewährt. Schaffen Sie Materialien, die Sie regelmäßig brauchen, generell in größerer Menge an. Sie sparen so Zeit für die Anschaffung und Kosten.

Papierfreies
ARBEITEN

Der Weg zum papierfreien Arbeitszimmer

Sie arbeiten bisher in einem papierreichen Umfeld und es haben sich Bücher, Ordner und Unterlagen im großen Stil angesammelt. Die Unterrichtsplanung erfolgt jedoch heute schon bei vielen Lehrkräften ausschließlich digital auf dem Computer, die Datenmenge auf den Geräten nimmt dementsprechend stetig zu. Genau wie im Arbeitszimmer sind eine übersichtliche Struktur und Ordnung auch auf dem PC unerlässlich, damit Sie Ihre Stundenentwürfe, Notenlisten und Co. jederzeit schnell wiederfinden. Die folgenden Informationen helfen Ihnen dabei, auch hier eine gute Struktur zu finden, beizubehalten und regelmäßig für Ordnung zu sorgen. Auch wenn das Ordnunghalten auf dem Computer zunächst einmal anstrengend klingt: Das digitale Arbeiten hat durchaus Vorteile. Sie verbringen weniger Zeit am Drucker und verbrauchen weniger Papier und Druckfarbe, Sie gewinnen Platz im Arbeitszimmer und die Umwelt wird geschont. Das händische Aufräumen von Unterlagen im Arbeitszimmer wird reduziert und Sie haben alle Einheiten und Materialien immer griffbereit, ob in der Schule oder zu Hause.

 ## Computer und Datenschutz

Als Lehrkraft arbeiten Sie bislang oft auf privaten Endgeräten, nicht nur bei der Unterrichtsvorbereitung und -durchführung, sondern auch bei der Erfüllung der Aufgaben, die rund um das Schulleben anfallen: von der Elternkommunikation bis zur digitalen Konferenz. Auf Ihr privates Gerät greifen u. U. jedoch viele verschiedene Familienmitglieder zu, die Versicherungs- und Sicherheitsfragen im Rahmen des Schuleinsatzes blieben bisher häufig in einer Grauzone, nicht alle von Ihnen genutzten Programme sind für den Schuleinsatz datenschutzrechtlich unbedenklich. Diese Bedingungen sind, kurz gesagt, nicht optimal.

Das soll sich in den kommenden Monaten in den meisten Bundesländern ändern. Vor Kurzem wurden in einigen Bundesländern und Schulen aus einem Sonderbudget Dienstcomputer für Lehrkräfte angeschafft und in das technische System der jeweiligen Schule eingebunden, technischer Support und Schulungen waren idealerweise inklusive. Diese neuen Entwicklungen machen es möglich, dass Sie zukünftig ihre privaten Dinge von den beruflichen Aufgaben trennen und im Team einheitlich arbeiten. Wie die erfolgreiche Umsetzung an den Schulen tatsächlich gelingen wird, wird die nahe Zukunft zeigen. Kritiker*innen weisen schon auf mögliche Fallstricke hin, denn ein Dienstgerät ist Teil eines dienstlichen IT-Systems, das die ganze Schule umfasst. Ein Blick in IT-Konzepte von Firmen zeigt, dass eine genaue Planung der schuleigenen IT-Landschaft, zu der auch Ihre Geräte gehören, unerlässlich ist. Hier spielen folgende Fragen eine wichtige Rolle:

– Welche Daten werden an schulischen Geräten erfasst?
– Was genau geschieht mit diesen Daten?
– Wer hat Zugriff auf die Daten?
– Wann werden die unterschiedlichen Daten gelöscht?
– Welche Geräte und Programme werden für wen benötigt?
– Wer kümmert sich um den Support?
– Wie hoch sind die der Schule entstehenden Kosten?

Egal, ob Privatgerät oder Dienstcomputer: Da Sie mit sensiblen Daten arbeiten, ist es ratsam, sich im Team die geltenden datenschutzrechtlichen Bedingungen genau anzusehen. Prüfen Sie regelmäßig, was Sie beim Speichern von Schüler*innendaten, im Kontakt mit Schüler*innen über digitale Plattformen sowie im Rahmen der Eltern- und Kollegiumskommunikation beachten müssen. Regelmäßige, speziell auf das jeweilige Bundesland zugeschnittene Schulungen für das gesamte Kollegium zu den Themen „Digitalisierung und Datenschutz" sind obligatorisch, um die verbindlichen Vorgaben der Datenschutz-Grundverordnung (DSGVO) einzuhalten und umzusetzen. Eine hilfreiche Mikrofortbildung finden Sie im Auer Verlag. Der Autor Michael Sobota erklärt alles zum Thema Datenschutz und IT-Sicherheit. Sie finden Buch und Video unter *www.auer-verlag.de*, Bestellnummer 08631.

Dienstliche E-Mail-Adresse

In einigen Bundesländern wurden von den Dienstbehörden zuletzt auch die schulischen E-Mail-Adressen in den Blick genommen: Viele Bundesländer richten inzwischen für Sie die Möglichkeit ein, persönliche Dienst-E-Mail-Adressen anzulegen. Sie können mit einem Internetzugang von überall auf diese Mails zugreifen. Die zuständigen Dienststellen achten besonders darauf, dass die technischen Voraussetzungen auf dem aktuellen Stand sind und die datenschutzrechtlichen Bestimmungen eingehalten werden. Der Kontakt mit den Eltern und auch die interne Kommunikation mit allen schulischen Dienststellen werden so erleichtert. Die Grenze zwischen dienstlichen und privaten Nachrichten wird so gewahrt. Jedes Bundesland bietet genaue Erklärungen auf den Seiten der Bildungs- und Kultusministerien.

Was ist eine perfekte Ordnerstruktur?

Eine einheitliche und übersichtliche Ordnerstruktur zu entwickeln und einzuhalten, ist nicht schwer. Die meisten Firmen haben erfolgreich interne Dateibenennungskonventionen implementiert, mit dem Ziel, dass sich jeder Mitarbeitende auch projektübergreifend schnell zurechtfindet. Auch wenn Sie allein arbeiten, bietet sich eine durchdachte Struktur an, schließlich lassen sich Dateien auf diese Weise einfacher benennen und schneller wiederfinden.

Bestandsaufnahme:
Machen Sie zunächst eine Bestandsaufnahme von den verschiedenen Dateien, die Sie auf Ihrem Rechner gespeichert haben. Überlegen Sie sich nun ein Muster für Ihre Ordner und Dateien, welches Sie später konsequent einhalten.

Hauptordner:
Wählen Sie zuerst das internationale Datumsformat 2021-06-22.
Geben Sie die Klasse bzw. Klassenstufe und das Fach an (Klasse 2 oder Klasse 2a) und verbinden Sie einzelne Bestandteile mit einem Unterstrich, z. B.
2021-06-22_Klasse_1
Achten Sie darauf, nur alphanumerische Zeichen des englischen Alphabets (a–z, A–Z, 0–9) zu nutzen. Auf Umlaute und Leerzeichen sollte verzichtet werden. Nicht erlaubt sind alle Sonderzeichen, außer dem Bindestrich und dem Unterstrich. Wichtig ist außerdem, dass Ordner- und Dateinamen nicht mehr als 260 Zeichen umfassen. Auf diese Weise vermeiden Sie, dass auf Dateien nicht mehr zugegriffen oder sie nicht mehr verschoben werden können.
2021-06-22_Klasse_2
2021-06-22_Klasse_2a_Deutsch
2021-06-22_Klasse_2a_Mathematik
2021-06-22_Klasse_2a_Sachunterricht

Unterordner:

Legen Sie dann Unterordner fest, die ebenfalls nach dem oben genannten Prinzip benannt sind. Die Nummerierung 1, 2,3 dient der einheitlichen Sortierung und erleichtert das Wiederfinden.

Hauptordner: 2021_06-22_Klasse 2a_Deutsch
Struktur Unterordner (nach Wichtigkeit sortiert): 2021_06-22_Klasse 2a_Deutsch_Bereiche
1_Rechtschreibung
2_Lesen
3_Grammatik
3_Literatur
4_Arbeitsblaetter_Distanzunterricht
5_Sonstiges

Über die Frage, wie viele Unterordner und ggf. Unterunterordner sinnvoll sind, lässt sich vortrefflich streiten. Oberste Prämisse sollte die Übersichtlichkeit sein. Übernehmen Sie die einmal vereinbarte Ordnung möglichst für alle Ordner und Unterordner und versuchen Sie, diese Ordnung stringent einzuhalten. Sie werden feststellen: Das Finden von Stundenbildern, Protokollen und Co. wird auf diese Weise ungemein erleichtert und Sie sparen sich jede Menge Zeit, die Sie sonst mit Suchen verbracht hätten.

Dateien:

Achten Sie darauf, die einzelnen Dateien so zu benennen, dass der Inhalt, der sich in den Dokumenten verbirgt, bereits anhand des Titels ersichtlich ist. Fassen Sie sich dabei dennoch so kurz wie möglich.
2021-06-22_Klasse_2a_Deutsch_Grammatik_Nomen
2021-06-22_Klasse 2a_Mathematik_Grundrechenarten_Addition_ZR100
2021-06-22_Klasse_2a_Sachunterricht_Wimmeldbild_Waldtiere

Absolutes No-Go: ein unaufgeräumter Desktop! Vermeiden Sie es unbedingt, „heimatlose" Dateien auf dem Desktop zwischenzuparken – auch nicht in einem Ordner mit einem Namen wie „Noch zu sortieren", „Ablage" oder „Verschiedenes". Achten Sie von heute an darauf, Dateien sofort an der richtigen Stelle zu sichern. Sie sparen sich das spätere Umspeichern und somit jede Menge Zeit.

 Digitaler Kalender

Es gibt inzwischen ein großes Angebot an digitalen Kalender-Apps für Smartphone und Tablet. Diese lösen den bewährten Lehrer*innenkalender im Printformat ab oder dienen als praktische Ergänzung. Die Vorteile von digitalen Kalendern sind kurz zusammengefasst: Sie haben mehr Platz zur Verfügung, Sie müssen weniger Gepäck mit sich herumschleppen und es gibt diverse zusätzliche Features, die Ihnen das Lehrer*innenleben erleichtern. Doch Vorsicht! Achten Sie beim Einsatz digitaler Kalender bitte darauf, welche Daten Sie dort eintragen. Für Sie als Lehrkraft gelten die Datenschutzbestimmungen der Datenschutz-Grundverordnung (DSGVO).
Auch die Arbeit mit Lernplattformen, digitalen Plattformen für Unterrichtsmaterialien und gemeinsamen Angeboten auf Ihren Schulservern gewinnt mehr und mehr an Bedeutung und wird Ihr Arbeiten in Schule und Arbeitszimmer stark verändern.

 **Digitale To-do-Listen**

Arbeiten Sie mit Microsoft Office 365, dann können Sie mit dem Programm „Microsoft® To Do" (Microsoft® To do: *https://todo.microsoft.com/tasks/de-de/* Abruf: 27.08.2021) einen Tagesplaner mit digitalen To-do-Listen nutzen. Kennen Sie außerdem schon die Haftnotizen für Ihren Desktop? Falls nicht, suchen Sie einfach nach „Sticky Notes" (Microsoft®: *https://www.microsoft.com/de-de/p/microsoft-sticky-notes/9nblggh4qghw#activetab=piv* Abruf: 27.08.2021), dann klicken Sie auf „Öffnen". Der erste Notizzettel erscheint umgehend und kann befüllt werden. Mit dem Plussymbol erhalten Sie den nächsten Zettel. Auch die Farbe des Notizfeldes können Sie ganz einfach an Ihre Wünsche anpassen. Klicken Sie hierzu auf die drei Punkt im oberen Zettelbereich, Sie können dort Ihre Wunschfarbe auswählen. Die digitalen „Klebezettel" sind praktisch, sollten jedoch auch regelmäßig wieder abgearbeitet und gelöscht werden.

Digitales Arbeiten

IM DISTANZ-UNTERRICHT UND IN DER ZUKUNFT

Technik und Privatsphäre

Gerade als Lehrkraft sollten Sie darauf achten, wie viel Sie von sich als Privatperson preisgeben. Das galt zwar schon immer, gewinnt im digitalen Zeitalter jedoch mehr und mehr an Bedeutung. Achten Sie insbesondere in Videokonferenzen darauf, keine ungewollten Einblicke in Ihr Privatleben zu geben. Sollten also in nächster Zeit Phasen des Distanzunterrichts zunehmen, Konferenzen digital durchgeführt werden oder sich digitale Elterngespräche etablieren, achten Sie darauf, dass Sie nichts Verbotenes, zu Persönliches, Privates zeigen, setzen Sie die vorhandenen Hintergrundfilter der Plattformen ein, richten Sie sich einen Platz in Ihrem Arbeitszimmer ein, der möglichst sachlich gehalten ist, oder schalten Sie, wenn nötig und möglich, Ihre Kamera aus.

 ## Kommunikation und Körpersprache

Sitzt die Frisur? Sind Sie der Situation angemessen gekleidet? Haben Sie sich so vor der Kamera positioniert, dass Sie mit Ihrer Wirkung zufrieden sind? Ist die Betreuung Ihrer Kinder während des Onlinetermins sichergestellt? Achten Sie darauf, wie Sie vor der Kamera wirken und sorgen Sie während Calls für eine ruhige Atmosphäre. Wenn es bei Ihnen drunter und drüber geht, merken das auch Ihre Schüler*innen, Eltern und Kolleg*innen. Wenn Sie sich nicht wohlfühlen, fällt auch dies auf. Bemühen Sie sich um eine möglichst ausdrucksstarke Mimik, oft wirkt man in Videocalls unbeteiligt, ohne dies selbst zu merken oder gar zu wollen.

 ## Bildschirmbrille und Augenschonung

In der Schule üben Sie viele verschiedene Tätigkeiten aus, Ihre Sehgewohnheiten variieren, das tut Ihren Augen gut. Wenn Sie zunehmend längere Zeit am Bildschirm arbeiten, ist die Augenpflege unerlässlich. Lassen Sie zunächst einmal wieder Ihre Augen beim Augenarzt oder Optiker überprüfen und sich ggf. eine Bildschirmarbeitsplatzbrille anfertigen. Diese ist genau auf die Gegebenheiten am Bildschirmarbeitsplatz ausgerichtet und die Sicht ist optimiert für einen Abstand von ca. 50 bis ca.150 Zentimetern zum Monitor. Dennoch kann es vorkommen, dass Ihre Augen trocken werden, insbesondere dann, wenn Sie längere Zeit vor dem Bildschirm sitzen. Grund für die trockenen Augen ist das sog. Office-Eye-Syndrom: Durch das Starren auf den Bildschirm bewegen sich Ihre Lider zu wenig, das Auge trocknet aus. In solchen Fällen nutzen Sie frei verkäufliche Augentropfen oder -sprays. Die Augentropfen sorgen für mehr Feuchtigkeit und ein entspannteres Sehen.

Feedbackkultur

Durch die zunehmende Digitalisierung an Schulen hat sich die Feedbackkultur stark verändert. Sie haben die Schüler*innen oft nicht mehr regelmäßig als Gruppe vor sich, sodass Sie auf eine andere Art und Weise Feedback geben müssen. Halten Sie Kontakt zu Ihren Schüler*innen, indem Sie individuelle Beurteilungen der geleisteten Arbeit vornehmen. Kommentieren Sie Aufsätze, Rechercheaufträge etc. mithilfe der Kommentarfunktion in den einzelnen Programmen, nehmen Sie einen Audiofile oder ein Video für die Schüler*innen auf, in welchem Sie die Arbeit besprechen. Verabreden Sie sich zu einem persönlichen Beratungstermin bzw. Schülergespräch und nehmen Sie sich hier Zeit für die Schüler*innen. Fassen Sie die wichtigsten Punkte eines Themas so zusammen, dass die Schüler*innen hierauf zugreifen können. Bleiben Sie über Ihre Dienstadresse per E-Mail mit Schüler*innen und Eltern in Kontakt. Laden Sie ggf. auch zu digitalen Elternabenden oder Stammtischen ein.

 ## Wie stelle ich Eltern und Kindern Materialien übersichtlich zur Verfügung?

Übernehmen Sie hier die Struktur, die Sie auch für Ihre Dateien auf dem Rechner nutzen. So haben Sie und die Eltern einen schnellen Überblick, wenn Sie ihnen Arbeitsblätter als E-Mail-Anhänge für zu Hause zusenden. Sie können die Arbeitsblätter dann direkt im richtig benannten Ordner in Ihrer Ordnerstruktur ablegen.

2021-06-22_Klasse 2a_Deutsch_Arbeitsblatt_Wortart_Nomen
2021-06-22_Klasse 2a_Mathematik_Arbeitsblatt_Addition_bis_100
2021-06-22_Klasse 2a_Sachunterricht_Wimmelbild_Waldtiere

Mittlerweile werden seitens der Schulbuchverlage digitale Arbeitsblätter oder bearbeitbare E-Books angeboten. Damit sparen Sie sich das Kopieren. Allerdings ist das Bearbeiten dieser Vorlagen nur für Kinder geeignet, die über eine gute technische Ausstattung und ein stabiles Internet verfügen.

 ## Crashkus PDF-Korrektur

Die Digitalisierung hat auch das Korrigieren verändert. Die folgende Kurzanleitung hilft Ihnen dabei, zukünftig schnell die PDF-Dokumente Ihrer Schüler*innen zu kommentieren und korrigieren. Beispielsweise gibt es im Adobe Acrobat Reader eine Vielzahl an Werkzeugen, mit deren Hilfe Sie Ihre Anmerkungen und Korrekturen notieren können. Führen Sie auch Ihre Schüler*innen in das Thema ein, dann verstehen diese Ihre Anmerkungen richtig.

Text ersetzen: Möchten Sie im Kommentarfeld z. B. einen rechtschriftlich falschen Text Ihrer Schüler*innen durch den richtigen Text ersetzen, dann nutzen Sie dieses Werkzeug und fügen einen eigenen Text in das Feld ein.

Text einfügen: Hat der Schüler*die Schülerin etwas im Text vergessen, was Ihrer Ansicht nach ergänzt werden sollte, können Sie den fehlenden Text mithilfe dieses Werkzeugs einfügen.

T̲ Text durchstreichen: Haben Sie einen Fehler in einem Schüler*innendokument entdeckt? Streichen Sie das Wort durch und bieten im Kommentarfeld das richtige Wort oder seine richtige Schreibweise an.

T̲ Text unterstreichen: Möchten Sie Textstellen, z. B. in einem Aufsatz, hervorheben, weil diese besonders gut gelungen sind, dann wählen Sie das Werkzeug „Text unterstreichen". Die Farbe der Unterstreichung können Sie ändern, indem Sie auf den markierten Bereich klicken, im nun geöffneten Auswahlmenü „Eigenschaften" wählen und Sie den gewünschten Farbwert zuweisen. Bestätigen Sie anschließend die gewünschte Änderung. Bei Bedarf können Sie die Farbe als neuen Standard festlegen.

Text hervorheben: Möchten Sie jemanden auf eine bestimmte Stelle im Text hinweisen, dann markieren Sie diese Textpassage mithilfe dieses Textmarker-Symbols, ganz wie auf Papier.

Notiz hinzufügen: Mit dem Button „Sprechblase" können Sie Hinweise für oder Fragen an Ihre Schüler*innen in einen Text einfügen. Achten Sie darauf, die Sprechblase eindeutig zu platzieren, sodass eine Zuordnung für die Schüler*innen unkompliziert möglich ist.

Datei anhängen: Dieses Symbol ermöglicht das Anhängen von Dokumenten oder Audiofiles. Sie können ausführliche Kommentierungen für Ihre Schüler*innen anbieten oder eine Kommentierung für Ihre Schüler*innen aufnehmen.

Rückgängigmachen oder Löschen von Kommentaren. Sie haben einen Kommentar verfasst, stellen dann aber fest, dass dieser falsch oder doch unnötig ist? Sie können diesen Arbeitsschritt entweder unmittelbar nach Erstellung rückgängig machen (über „Bearbeiten"/ „Rückgängig"), oder den Kommentar zu einem späteren Zeitpunkt löschen. Markieren Sie hierfür die Korrektur, navigieren Sie dann in der Kommentarliste zu den drei Punkten oben rechts innerhalb des Kommentars und klicken Sie auf „Löschen".

Kommentarübersicht: Wenn Sie in der Werkzeugspalte den Bereich „Kommentieren" geöffnet haben, sehen Sie rechts all ihre Kommentare gesammelt.

(Adobe: Acrobat Pro DC, *https://www.adobe.com/de/acrobat/pdf-reader.html*, Abruf: 28.08.2021)

Umweltschutz

UND ARBEITSZIMMER

Haben Sie erst einmal angefangen, Ihr Arbeitszimmer aufzuräumen und Ihre Unterlagen zu sortieren, fällt Ihnen vielleicht auf, wie viel Überflüssiges sich bei Ihnen angesammelt hat. Vielleicht möchten Sie auch neue Aufbewahrungshilfen oder Möbel anschaffen. Im Zuge Ihrer Recherche stellen Sie möglicherweise fest, dass es eine Fülle an Produktalternativen gibt, die zwar günstig, aber nicht gerade nachhaltig sind.

Umweltbewusstes Verhalten ist nicht nur im Bereich von Verbrauchsmaterialien für Ihr Arbeitszimmer wichtig, auch bei der Anschaffung von Einrichtungsgegenständen, Computern und anderen technischen Geräten spielt der Umweltschutz heute eine wichtige Rolle. Sie sollten darüber nachdenken, ob Sie diese Überlegungen in Ihre Kaufentscheidungen miteinbeziehen.

 ## Büromaterialien

Bei der Anschaffung von Büromaterialien empfiehlt es sich, zunächst zu prüfen, was Sie bereits in Ihrem umfangreichen Fundus gesammelt haben und weiter- bzw. wiederverwenden können. Bedrucktes Papier kann als Schmierpapier verwendet, alte Schnellhefter und Ordner noch einmal genutzt werden, Stifte lassen sich oft neu befüllen.

Es gibt inzwischen zahlreiche Firmen und Internetshops, die sich auf die Produktion und den Handel mit ökologischen Büromaterialien spezialisiert haben. Sie sind eine gute Adresse. Darüber hinaus ist es natürlich noch umweltbewusster, wenn Sie dort Sammelbestellungen für die gesamte Schule durchführen. Kleine Einzelbestellungen verbrauchen mehr Ressourcen als große Bestellungen an die Schuladresse. Das Internet macht es möglich, auch direkt bei den produzierenden Firmen Ihrer Wahl zu bestellen. Zudem sind Kooperationen mit dem lokalen Schreibwarenhandel eine gute Alternative, gemeinsam können Sie dort umweltfreundliche Produkte für die Schule bestellen, so den Einzelhandel vor Ort unterstützen und die Lieferkosten reduzieren. Achten Sie beim Einkauf auf klimaneutrale Materialien mit geringem CO_2-Ausstoß sowie auf Materialien, die biologisch abbaubar sind und wenig Müll erzeugen. Zerlegen Sie die Büromaterialien nach der Nutzung und führen Sie die Einzelteile den richtigen Mülltonnen zu, nur so können die Materialien wiederverwendet werden. Elektrogeräte aus Ihrem Arbeitszimmer entsorgen Sie fachgerecht bei kommunalen Sammelstellen, sie sorgen für die Trennung der Bestandteile und das richtige Recycling.

 ## Technische Ausstattung

Es ist davon auszugehen, dass Ihr Arbeiten in den kommenden Jahren zunehmend digitaler werden wird. Wenn Sie sich neue Geräte anschaffen, gilt es nicht nur, die Kosten im Blick zu behalten, auch der Umweltschutz sollte dabei nicht ins Hintertreffen geraten. Achten Sie darauf, nur solche Geräte anzuschaffen, die auch tatsächlich Ihren Bedürfnissen entsprechen. Schaffen Sie generell eher kleinere Geräte an, denn sie verbrauchen weniger Strom. Notebooks haben einen geringeren Energieverbrauch und können sowohl in der Schule als auch zu Hause eingesetzt werden. Bedenken Sie jedoch, dass Sie im heimischen Büro ggf. weitere Geräte (großer Bildschirm, Dockingstation) neben dem Notebook im Einsatz haben, die ebenfalls Energie verbrauchen. Notebooks sind zudem kurzlebiger als Desktoprechner.

Achten Sie beim Kauf von Geräten auf eine möglichst umweltfreundliche und ressourcenschonende Technik und kaufen Sie neben energiesparenden Geräten auch Geräte, die mehrere Aufgaben erfüllen können.

Im Kapitel „Die technische Ausstattung Ihres Arbeitszimmers" erfahren Sie mehr über die benötigte Hardware.

Achten Sie darauf, die Geräte auszuschalten, wenn sie nicht benötigt werden, und vermeiden Sie unbedingt den Stand-by-Modus, da die Geräte auch im „Schlummerzustand" Energie verbrauchen. Bei vielen Geräten kann dies schnell teuer werden. Solche Geräte, die Sie über einen längeren Zeitraum nicht nutzen, schalten Sie bitte nur bei Bedarf an. Lassen Sie den Bildschirm in den Energiesparmodus gehen, wenn Sie gerade nicht arbeiten. Verzichten Sie auf Bildschirmschoner, auch sie verbrauchen Energie. Prüfen Sie auch, ob Ihr Router Möglichkeiten des Energiesparens bietet und schalten Sie diesen ggf. über Nacht aus.

Auch wenn manche Computerfirmen sich einen grünen Anstrich geben, sind Herstellung und Auslieferung der Geräte oftmals weniger ökologisch als es zunächst scheinen mag:

• Computer und sonstige Hardware werden heutzutage mehrheitlich in Asien produziert. Der Versand nach Europa geht mit einem hohen Ressourcenverbrauch einher.
• Für die Produktion neuer Geräte werden Rohstoffe benötigt. Als Käufer*in erfahren Sie wenig darüber, wo und wie diese abgebaut werden, die genauen Herstellungs- und Arbeitsbedingungen vor Ort sind oft nicht bekannt.
• Zudem geht die Lebensdauer technischer Geräte generell zurück. Regelmäßige Neuanschaffungen, die zu einem erhöhten Ressourcenverbrauch führen, sind die Folge.
• Im Büroalltag vieler Firmen hat es sich deshalb bewährt, dass alle Geräte eines Typs (alle Notebooks, alle Drucker etc.) von einem Anbieter sind, so können Kabel, Ladegeräte und Co. untereinander getauscht und weiterverwendet werden. Auch das Ersetzen von kaputten Teilen ist in größeren Firmen üblich. Vielleicht wäre dieser Ansatz auch etwas für Ihr häusliches Arbeitszimmer?

Kaufen Sie überlegt und möglichst lokal und prüfen Sie beim Kauf, ob die Geräte bei Bedarf nachgerüstet werden können. Denken Sie auch darüber nach, ob vielleicht gebrauchte Geräte, refurbished genannt, für Sie sinnvoll sein können. Sie werden heute im ökologisch orientierten Internethandel angeboten.
Sind Ihre Altgeräte noch brauchbar, können Sie gespendet und weiter eingesetzt werden. Ist dies nicht der Fall, achten Sie auf eine ordnungsgemäße Entsorgung. Dazu sind die herstellenden Firmen der Geräte verpflichtet. Auch die Wertstoffhöfe der Städte und Gemeinden sind die richtigen Anlaufstellen, sie bringen die sachgerechte Wiederverwertung der Geräte auf den Weg.

Möbel und Farben

Sie benötigen in Ihrem Arbeitszimmer auch Büromöbel und genügend Stauraum? Prüfen Sie in Ihrem Haushalt, ob Sie Möbel aus anderen Räumen wiederverwenden und aufwerten oder bereits vorhandene Möbel an Ihre Bedürfnisse anpassen können. Manchmal lassen sich Möbel mit nur wenigen Handgriffen für den Arbeitsalltag optimieren. So gibt es z. B. stabile Aufsätze, mit deren Hilfe Sie ganz einfach Ihren Schreibtisch vorübergehend in ein Stehpult bzw. einen Stehtisch verwandeln und so Ihrem Rücken etwas Gutes tun können. Möchten Sie sich komplett neu einrichten, dann achten Sie bei der Anschaffung idealerweise darauf, wo und unter welchen Arbeitsbedingungen die Möbel produziert wurden, aus welchen Materialien sie beschaffen sind und mit welchen Stoffen sie behandelt wurden. Insbesondere kostengünstige Möbel werden heute in der Regel nicht in Europa mit europäischem Holz unter umweltschonenden Bedingungen produziert. Zur Möbelproduktion wird Wasser und Energie im Herstellungsland verbraucht, schädliche Stoffe bei der Produktion eingesetzt und die dortige Natur belastet. Auch die Produktion in der Möbelindustrie erfolgt oft weit entfernt, sodass Sie wenig über die dortigen Herstellungsbedingungen in den Firmen und die weiten Transportwege wissen. Es gibt heute jedoch vertrauenswürdige Anbieter*innen, die schadstofffreie und langlebige Möbel produzieren, die unter guten Bedingungen in Mitteleuropa gefertigt sind. Suchen Sie nach Möbeln, die langlebig sind und nachhaltig produziert wurden, so hat dies seinen Preis, doch die Invesition lohnt sich – nicht nur die Umwelt, auch Ihre Gesundheit wird es Ihnen danken! Wenn Sie alte Möbel entsorgen müssen, dann bieten sich zunächst als ökologische „Abnehmer" die sogenannten Sozialkaufhäuser an, die noch brauchbare Schränke, Tisch oder Betten gerne annehmen und gegen kleines Entgelt an interessierte Menschen weiterverkaufen. Sollten die Möbel unbrauchbar sein, bringen Sie sie zu einem Wertstoffhof oder vereinbaren Sie einen Sperrmülltermin. So können die Möbel richtig entsorgt und recycelt werden. Ist ein „Tapetenwechsel" angesagt und Sie möchten Ihr Arbeitszimmer neu streichen? Dann gilt es auch bei Farben und Lacken, die „ökologische Brille" aufzusetzen! Es gibt inzwischen in jedem Baumarkt ökologisch zertifizierte Farben auf pflanzlicher und mineralischer Grundlage, die ganz ohne Chemie auskommen und für ein gesundes Raumklima in Ihrem Büro sorgen.

Und was ist mit dem Boden? Bodenbeläge, die Sie bei Gestaltung oder Renovierung ökologisch bewusst einsetzen können, sind: Holzfußböden (ggf. bereits vorhandene Dielen aufarbeiten), Fliesen, Steinböden oder Fußböden aus textilen Stoffen (z. B. Sisal). Günstige Teppiche enthalten oft giftige Stoffe in den Fasern und auf der Unterseite des Teppichs und sollten vor dem Kauf genau geprüft werden.

DIE
Einrichtung
IHRES ARBEITS- ZIMMERS

Sie verbringen sehr viel Zeit am heimischen oder schulischen Arbeitsplatz, die richtigen Rahmenbedingungen sind deshalb das A und O, damit Sie konzentriert arbeiten können und langfristig gesund bleiben. Manchmal ist eine Umgestaltung erforderlich, um produktives Arbeiten zu ermöglichen und die Arbeitsqualität zu verbessern. Der richtige Bürostuhl und der passende Schreibtisch sind für gesundes Arbeiten essenziell. Die passenden Regale und Schränke sorgen für Ordnung und Übersicht.

Der richtige Stuhl

Auf die Ergonomie kommt es an! Ihr Bürostuhl sollte verstellbar sein, um optimal an Ihren Körper angepasst werden zu können. Die folgende Tipps helfen Ihnen bei der Wahl des richtigen Stuhls:

In Firmen müssen Bürostühle „das GS-Zeichen" tragen und den Anforderungen der DIN-Norm 4551 (Büromöbel, Bürodrehstühle und Bürodrehsessel – Sicherheitstechnische Anforderungen, Prüfung) entsprechen. Diese DIN-Bestimmungen gelten zwar nicht für Ihr heimisches Arbeitszimmer, sind aber eine gute Leitlinie für die Auswahl des neuen Bürostuhls. Der Stuhl sollte genau auf Ihre Körpergröße und Ihre Beinlänge eingestellt werden können. Bei guten Stühlen lässt sich die Sitzfläche individuell anpassen. So stehen die Beine locker auf dem Boden und auch der untere Rücken fühlt sich gut an. Das Material des Stuhls sollte so gewählt sein, dass es am Körper nicht einschneidet, keine Druckstellen hinterlässt und Ihnen genügend Halt bietet. Die Rückenlehne des Stuhls sollte individuell verstellbar sein und auch leichte Kippbewegungen ermöglichen, eine Nackenlehne oder Kopfstütze ist anzudenken. Eine solcher Stuhlbestandteil muss dann auch individuell eingestellt werden können. Armlehnen sollten vorhanden sein und individuell für Sie eingestellt werden können (Vgl. Bürger, Ulrike / Risse, Stefan: Ergonomiekatalog. Checkliste: 20 Bewertungskriterien für ergonomische Bürostühle, Wörthsee. *https://www.ergonomie-katalog.com/ratgeber/kauf-beratung/buerostuehle-drehstuehle-kaufen.php#checkliste%20ergonomische%20 b%C3%BCrost%C3%BChle*
Abruf: 27.08.2021).

Der richtige Schreibtisch, das richtige Stehpult

Haben Sie den Bürostuhl Ihren Bedürfnissen entsprechend eingestellt, nehmen Sie nun Ihren Schreibtisch in den Blick. Dieser muss nun an den Stuhl angepasst werden. Bürotische sind oftmals höhenverstellbar, doch bezüglich Technik und Ausführung gibt es große Unterschiede, die sich auch in den Preisen der Modelle niederschlagen. Zum Teil lassen sich nur die Tischbeine variieren, bei anderen Modellen lässt sich der gesamte Tisch nach oben und unten bewegen. Wichtig ist, dass Sie in der Regel so sitzen, dass sich Unterarme und Oberkörper fast im 90-Grad-Winkel befinden und die Arme locker auf den Stuhllehnen und dem Schreibtisch aufliegen. Damit zu langes Sitzen und damit einhergehende Rückenschmerzen vermieden werden, bietet es sich an, zwischenzeitlich im Stehen an einem elektrisch höhenverstellbaren Schreibtisch oder an einem Stehpult zu arbeiten. Beide Varianten bieten Ihnen einige Vorteile: Sie verharren nicht über Stunden in der gleichen Haltung. Durch die Veränderung der Position werden Nacken und Rücken entlastet, die Beinmuskulatur wird gestärkt.

Auf dem Schreibtisch müssen Sie viel unterbringen, Sie sollten sich daher ein entsprechend großes Modell anschaffen. Achten Sie auf eine gute Größe (ca. 160 × 80 cm, ohne Geräte).

Und wie steht es um den Bildschirm? Stellen Sie den Bildschirm gerade auf und platzieren Sie auf gleicher Linie bitte die Tastatur und den Bürostuhl. Achten Sie darauf, dass Sie gerade bzw. leicht nach unten auf den Bildschirm blicken. Die erste Zeile Ihrer Unterrichtsvorbereitung sollte sich in etwa auf Augenhöhe befinden. Der Abstand zwischen Ihnen und Ihrem Bildschirm sollte etwa 50 bis 80 cm betragen. Diese Entfernung variiert etwas, je nach Größe Ihres Monitors. Ihr Monitor sollte möglichst parallel zum Fenster stehen. Sie sollten nicht mit dem Blick aus dem Fenster oder mit dem Fenster im Rücken sitzen. Auf diese Weise vermeiden Sie Blendung und Spiegelungen und entlasten Ihre Augen. Die Tastatur sollte etwa 10 cm von der der Tischkante entfernt stehen. Die Maus liegt so, dass Sie sie bequem bedienen können.

Rollcontainer für Büromaterialien

Büromaterialien, vom Spitzer über das Lineal bis hin zum Locher, sind in einem Rollcontainer unter dem Schreibtisch platzsparend aufbewahrt. Rollcontainer sind äußerst praktisch, sie lassen sich schnell bewegen und platzsparend unter dem Schreibtisch verstauen. Durch Schubladen oder Schubfächer eigenen sie sich prima fürs Ordnunghalten. Da Sie viel mit persönlichen Daten – von Zeugnissen über Klassenarbeiten bis hin zu Protokollen – arbeiten, ist es besonders gut, wenn der Container abschließbar ist. In regelmäßigen Abständen empfiehlt sich die Reinigung des Containers.

Schränke für Ordner

Möchten Sie in Ihrem Arbeitszimmer ein neues Ordnungssystem etablieren oder Ihre bisherige Ordnungs-struktur etwas optimieren hat sich die Anschaffung eines großen Schrankes bewährt. Der Schrank sollte geräumig sein und über viele Fächer verfügen, in die Ihre DIN-A4-Ordner gut hineinpassen. Zum Be-schriften der Ordner bieten sich Etiketten an, die Ihnen die Sortierung und das Wiederfinden zusätzlich erleichtern. Die Benennung der Ordner sollte einem bestimmten System folgen und ggf. eine farbliche Struktur aufweisen.

Bücherregale

Als Lehrkraft verfügen Sie sicherlich über eine umfangreiche Bibliothek. Auch hier gilt es, den Überblick zu bewahren. Schaffen Sie stabile und ausreichend große Regale mit stabilen Holzböden an, in die Sie Ihre Fachliteratur nach Fächern, Themen oder Autor*innen sortieren können. Private Bücher bewahren Sie am besten getrennt auf.

Schränke für kleine Unterrichtsmaterialien

Schaffen Sie sich einen weiteren Schrank an, der über viele kleine, gleich große Fächer verfügt. In diese Fächer stellen Sie gleich große durchsichtige Boxen hinein. Die Größe der Boxen sollte eher kleiner sein, denn der Schrank sollte Staumöglichkeiten für die vielen kleinen Dinge bieten, die Sie im Unterricht einsetzen. Alle Materialien jedes Faches werden zusammen angeordnet und alle Boxen werden entspre-chend beschriftet, sodass die Inhalte schnell aufgeräumt sind und gut wiedergefunden werden können.

Schränke für große Unterrichtsmaterialien

Ein ähnlicher Schrank mit größeren Fächern erleichtert das Sortieren größerer Unterrichtsmaterialien (Bälle, Spiele, Materialien für Gruppenarbeiten). Auch diesen bestücken Sie mit gleich großen durchsichtigen Boxen, die jedoch größer sein müssen, um die Unterrichtsmaterialien aufzunehmen. Sie finden diese nun mit einem Griff wieder, können diese nun mit wenigen Handgriffen für den aktuellen Unterricht adaptieren, müssen nicht von vorne beginnen und sparen sich so wertvolle Zeit. Auch hier hilft es, wenn Sie die Materialien jedes Faches räumlich zusammen anordnen und die Boxen beschriften, sodass die Inhalte schnell aufgeräumt sind und gut wiedergefunden werden.

 ## Fächer oder Schränke für Büro- und Computermaterialien

In der Regel verfügen Sie zu Hause über eine Grundausstattung an Büromaterialien. Diese ordnen Sie am besten in ein eigenes untergliedertes Schrankfach oder einen eigenen Schrank ein, sodass Sie immer wissen, wo Sie was finden. Das gleiche gilt für das Zubehör rund um Ihren Computer: Kabel, Ladegeräte und Co. sollten am besten ebenfalls in einem bestimmten Fach oder Schrank fest eingeplant und in entsprechend großen Kisten gesammelt werden. So sind sie schnell wiederauffindbar und lassen sich gut aufbewahren – im Optimalfall sogar ganz ohne Kabelsalat.

 ## Aufbewahrung von Zeitschriften

Oft haben Sie als Lehrkraft Fachzeitschriften Ihrer Schulform und Ihres Faches abonniert. Schnell sammelt sich daher eine Fülle an Zeitschriften an. Nehmen Sie sich vor, nur wenige Exemplare aufzubewahren, die älteren zu sichten, interessante Artikel daraus zu scannen oder zu fotografieren und sie zu entsorgen. Sie werden nie mehr hineinsehen und können den gewonnenen Platz gut für andere Dinge nutzen. Es bietet sich alternativ an, eine kleine Auswahl an Zeitschriften nur noch digital zu erwerben. So schonen Sie zusätzlich noch die Umwelt. Prüfen Sie kritisch, was Sie wirklich (gern und regelmäßig) lesen.

 ## Aufbewahrung von Plakaten

Mappen und Rollen benötigen ebenfalls einen ordentlichen Platz in Ihrem Schrank oder Arbeitszimmer. Bewährt haben sich hier spezielle Zeichenrollenständer, die extra für diese Materialien konzipiert wurden. Auch entsprechend große Hängeregister, Zeichenschränke und Schubladenboxen können im Handel erworben werden.

 ## Schränke für Persönliches

Möchten Sie persönliche Ordner der Familie in Ihrem Arbeitszimmer aufbewahren, dann tun Sie dies in einem extra Schrank, so trennen Sie Arbeit und Privatleben und finden familiäre Dokumente schnell wieder. Orientieren Sie sich an der Beschriftung Ihrer Schulordner. Jedem Familienmitglied wird eine Farbe zugeteilt, jeder Ordner beinhaltet ein Thema (Arbeit, Rente, Bank etc.).

DIE technische Ausstattung
IHRES ARBEITS- ZIMMERS

Für Ihre Unterrichtsvorbereitung und alle Aufgaben rund um das Schulleben benötigen Sie heute verschiedene technische Geräte. Die wichtigsten, insbesondere die Computertypen, stellen wir Ihnen hier in aller Kürze vor. Entscheiden Sie selbst, welche Geräte für Sie am besten geeignet sind.

Schnellübersicht Notebook

Da Sie zwischen zwei Arbeitsplätzen pendeln, bietet sich ein Notebook als Endgerät an. Da Sie dieses täglich transportieren, sollte es möglichst handlich und leicht sein, dennoch möchten Sie gut darauf arbeiten können. Es benötigt eine stabile Hülle, damit das Gerät beim Einsatz und Transport nicht beschädigt wird. Die Bildschirmgrößen der Geräte werden in Zoll angegeben. Die gängigsten Größen sind 13,3 Zoll, 15,6 Zoll und 17,3 Zoll. Heutzutage sind die Bildschirmoberflächen nahezu alle glänzend. Ihre Bildschirmoberfläche im Arbeitszimmer sollte dabei lichtstark sein, sodass Sie Ihre Augen nicht allzu sehr beanspruchen müssen. Die benötigten technischen Werte variieren je nach Einsatzgebiet des Computers und ändern sich recht schnell, deshalb nennen wir Ihnen hier die wichtigsten Eckdaten, die Sie im Blick behalten sollten, damit Sie den richtigen Rechner für sich finden.

Empfehlenswert ist eine SSD-Festplatte, die auf keinen Fall kleiner als 250 Gigabyte sein sollte. Festplatten mit mehr Kapazität sind natürlich besser geeignet, haben aber natürlich ihren Preis. Was die Prozessoren angeht, so kann man Notebooks vielleicht am ehesten mit Autos vergleichen:

Günstige Einsteigermodelle haben weniger gute Prozessoren, die Computer liegen im Kaufpreis unter 500 €. Sie sind für Ihren Einsatz eher nicht geeignet, da Sie große Datenmengen generieren und häufig Videokonferenzen durchführen müssen. Es folgen die Mittelklassemodelle, die oft brauchbare Prozessoren besitzen, und die Luxusmodelle, die bestens ausgestattet sind, aber natürlich im Preis höher liegen.

Wichtig sind weiter die Anschlüsse für Kopfhörer und Mikrofon, eine ausreichende Anzahl an USB-Anschlüssen sowie ein gängiger Bildschirmanschluss. Das Gerät sollte für Ihren Einsatz im Arbeitszimmer und v. a. im Klassenraum eine niedrige Geräusch- und Temperaturentwicklung aufweisen und eine ausreichend lange Akkulaufzeit besitzen, sodass Sie den Schulvormittag oder längere Unterrichtsvorbereitungen bestens bestreiten können.

Neue Notebooks verfügen i. d. R. nicht mehr über DVD-Laufwerke, sodass Sie über ein externes DVD-Laufwerk nachdenken sollten. Diese sind im Handel recht günstig zu erwerben. Das gilt auch für ein gutes Headset, das Sie sicherlich auch künftig häufiger benötigen werden.

Als Betriebssystem für Mac und PC ist Windows® Office 365 gut geeignet.

Schnellübersicht Convertible-Geräte

Ein Convertible-Notebook kann durch Umklappen des Bildschirms in ein Tablet mit entsprechenden Funktionen verwandelt werden. Die Convertibles sind auch unter dem Begriff „2-in-1-Laptop" oder „Hybrid-PC" bekannt.
Die Convertible-Geräte zeichnen sich durch eine geringe Größe und ein niedriges Gewicht aus, sie sind im Unterricht und in Sitzungen schnell einsetzbar und der Einsatz von digitalen Schreibgeräten ist gut möglich. Schnell können Sie zwischen Notebook und Tablet wechseln und die bekannten Programme

nutzen. Negativ sind der kleine Bildschirm und die kleinere Tastatur sowie der höhere Preis. Nicht alle Modelle bieten die Möglichkeit, eine SIM-Karte einzulegen.

 ## Multifunktionsdrucker

Auch wenn Sie immer stärker digital arbeiten, benötigen Sie zu Hause sicherlich auch weiterhin die Möglichkeit, zu drucken, zu scannen oder etwas zu kopieren. Es gibt für diesen Zweck seit Längerem gute Multifunktionsgeräte. Durch Anschaffung nur eines Geräts schonen Sie nicht nur Ihren Geldbeutel, sondern auch die Umwelt. Recherchieren Sie im Vorfeld genau und achten Sie beim Kauf auf gute Qualität, da das Gerät in Ihrem Arbeitszimmer sicherlich oft eingesetzt werden wird. Um jederzeit zügig arbeiten zu können, ist es wichtig, dass das Gerät störungsfrei funktioniert. Behalten Sie bei Ihrer Kaufentscheidung nicht nur den Preis des Geräts im Blick, sondern achten Sie auch darauf, welche Kosten für Verbrauchs-materialien und für Energie auf Sie zukommen werden. Beim Erwerb eines Druckers stellt sich die Frage: Tintenstrahldrucker oder Laserdrucker? Diese Frage ist auch bei einem Multifunktionsgerät relevant. Doch worin unterscheiden sich die Geräte eigentlich?

Der Laserdrucker arbeitet mit einer Farbkartusche, die lange mit voller Qualität genutzt werden kann. Die Farbe trocknet nicht ein und sie wird auf den gedruckten Seiten sofort fixiert, ein Verschmieren ist also nicht möglich. Laserdrucker sind eher für Schwarz-Weiß- als für Farbdrucke geeignet. Die Geräte benöti-gen Aufwärmzeit. Da sie Feinstaub erzeugen, ist der Einsatz eines Filters ratsam. Die Anschaffungskosten sind höher als bei Tintenstrahldruckern, da die Kartuschen jedoch günstiger sind, sparen Sie auf lange Sicht Geld. Tintenstrahldrucker drucken Schwarz-Weiß, Farbe und Fotos gleichermaßen. Zwar entfällt das Aufwärmen, jedoch drucken Tintenstrahldrucker weniger schnell als Laserdrucker. Tintenstrahldrucker sind günstiger in der Anschaffung, die Patronen sind jedoch i. d. R. teurer und trocknen schneller ein.

Für alle Geräte gilt, dass Sie WLAN-fähig sein sollten, so sind Sie zu Hause nicht an Ihren Arbeitsplatz gebunden und können sogar von anderen Geräten als Ihrem Arbeitsrechner Druckaufträge senden.

 ## Scanner oder Tablet?

Müssen Sie im Rahmen Ihrer Unterrichtsvorbereitung viele Seiten in guter Qualität scannen oder wollen Sie zukünftig generell digitaler arbeiten und Platz im Arbeitszimmer einsparen, dann bietet sich ein eigener Scanner an. Insbesondere sogenannte Dokumentenscanner sind für Sie als Lehrkraft gut geeignet. Sie bieten zahlreiche Anwendungsmöglichkeiten, insbesondere der Einzug mehrerer Seiten erleichtert Ihnen das Leben. Ob Unterrichtsvorbereitungen, Klassenarbeiten, Mitschriften von Konferenzen und Fortbil-dungsmaterialien: Die Scanner sind wie für Sie gemacht! Wenn Sie zwischendurch einmal schnell etwas Kleineres einscannen möchten, ist auch ein Tablet oder Smartphone mit der entsprechenden App gut geeignet.

 ## Maus und Tastatur

Um im heimischen Arbeitszimmer optimal mit dem Notebook arbeiten zu können, haben sich zusätzliche Hardwareelemente wie Tastatur und Maus bewährt. Es gibt eine Fülle an verschiedenen Tastaturen und Computermäusen. In beiden Fällen entscheidet die richtige Größe für Sie, die Passung für Ihre Händigkeit und eine leichte Bedienbarkeit der Tasten. Sie können im Handel zwischen unterschiedlichen Modellen und Techniken wählen. Die gängigsten Geräte werden über Kabel, Funk oder Bluetooth mit dem Computer verbunden. Alle drei Anschlussmöglichkeiten haben jeweils Vorteile und Nachteile.

Die Kabelgeräte erzeugen eine stabile Verbindung mit bester Übertragungszeit, die unabhängig ist von der jeweiligen Funkverbindung oder der Bluetoothverbindung. Funkgeräte können flexibel überall am Computer positioniert werden, sie funktionieren jedoch über Batterien, die in relativ kurzen Abständen ersetzt werden müssen. Das gilt ebenso für die immer beliebter werdenden Bluetooth-Geräte, die jedoch etwas sparsamer im Energieverbrauch sind. Für die beiden letztgenannten kabellosen Varianten sind aktuelle Sicherheitshinweise zu beachten, damit Sie nicht zum Ziel von Cyberangriffen werden.

Webcam

Reicht Ihre Notebook-Kamera für Ihre Bedürfnisse nicht aus oder verfügt Ihr heimischer Computer nicht über eine gute interne Kamera, so können Sie im Fachhandel Webcams für Ihren Einsatz in Videokonferenzen oder im Distanzunterricht erwerben. Das Angebot ist vielfältig. Die Qualität der Darstellung ist abhängig vom ausgewählten Gerät, Ihrem Computer und Ihrer heimischen Internetverbindung. Die drei wichtigsten Fragen bei der Auswahl sind: Wo möchten Sie das Gerät befestigen oder aufstellen? Benötigen Sie ein integriertes Mikrofon? Wie sorgen Sie für den Schutz des Geräts von außen? Tipp: Am besten ist es, die Webcam nach jeder Benutzung vom Gerät zu entfernen.

Dockingstation

Eine Dockingstation ist ein Verbindungsgerät zwischen Ihrem Notebook und Ihren zahlreichen ergänzenden Geräten wie Tastatur, Bildschirm, Drucker etc. Sie verbinden diese Geräte nun mit Ihrer Dockingstation. Wenn Sie sich an den Schreibtisch setzen, dann koppeln Sie nur noch Ihr Notebook mit der Dockingstation, wenn Sie den Arbeitsplatz verlassen und in die Schule fahren, trennen Sie nur das Notebook von der Dockingstation, die anderen Geräte bleiben dort angesteckt. So sparen Sie sich viel Zeit und können schneller mit dem Arbeiten beginnen.

Bildschirm

Wenn Sie sich einen neuen Computerbildschirm für Ihr Arbeitszimmer anschaffen, dann sollte seine Größe ca. 27 Zoll betragen. Auch das Arbeiten mit zwei größeren, gleich großen Monitoren oder einem sogenannten Curved-Modell bietet sich an. Der Bildschirm sollte höhenverstellbar sein. Die Werte der farblichen Darstellung sollten eingestellt werden können und die Reaktionszeit sollte angegeben sein. Sie zeigt, wie schnell die Bildschirmpixel des Monitors ihre Farben verändern können. Ein guter Wert liegt bei 2–10 Sekunden, je niedriger der Wert ist, umso besser. Ihr Monitor sollte über einen HDMI-, VGA- und DVI-Anschluss sowie über mindestens einen USB-Anschluss verfügen. Neue Geräte verfügen zumeist über die Anschlüsse HDMI 2.0 oder Displayport, die den Bildschirm zukunftssicher machen. Achten Sie darauf, dass Ihr Monitor entspiegelt ist, damit Ihre Augen geschont werden. Auch beim Monitor spielt die Energieeffizienz eine Rolle.

DAS
richtige Licht
FÜR IHR
ARBEITSZIMMER

Was ist Tageslicht überhaupt?

Unter dem Begriff Tageslicht verstehen wir in der Wissenschaft zum einen, kurz skizziert, die Sonnenstrahlung, die direkt auf unsere Erde trifft. Diese ist sehr intensiv und in erster Linie im Sommer zu erleben. Zum anderen versteht unter dem Tageslicht das Himmelslicht. Dieser Anteil des Sonnenlichts wird durch die Erdatmosphäre gefiltert und erscheint nicht direkt, sondern eher difus, seine Intensität variiert ständig, abhängig von der Uhrzeit, der Jahreszeit oder der Wetterlage.
Tageslicht ist unsere wichtigste Lichtquelle, die sich maßgeblich auf unseren Körper und sein Wohlbefinden auswirkt, die Versorgung mit Tageslicht ist für Menschen essenziell.

 ## Warum Tageslicht?

Ohne Tageslicht können Sie nicht gut leben und arbeiten, denn durch das Tageslicht wird u. a. das Hormon Serotonin produziert, das Sie aktiv und munter macht. Können Sie nicht ausreichend Tageslicht aufnehmen, wird das Schlafhormon Melatonin produziert, das Sie müde macht. Wenn Sie viel und lange am Schreibtisch arbeiten, wirken große Fenster und viel Tageslicht als wahre Energiebooster. Platzieren Sie Ihren Schreibtisch deshalb nah an einer natürlichen Lichtquellen und sorgen Sie zusätzlich für Sichtschutz, damit Sie nicht durch die Sonnenstrahlung geblendet werden. Sofern Sie einen Bildschirm aufstellen, berücksichtigen Sie dabei die im Kapitel „Die technische Ausstattung Ihres Arbeitszimmers" genannten Informationen.

Sollte ausreichend Tageslicht an Ihrem Arbeitsplatz nicht sichergestellt werden können oder sollte das Arbeiten bei Tag nicht Ihrem Arbeitsrhythmus entsprechen, dann hilft Ihnen ein Beleuchtungssystem weiter. Es kann aus verschiedenen Leuchten bestehen: aus dem indirekten Licht einer Deckenlampe, dem direktem Licht einer Stehleselampe und einer Schreibtischleuchte, mit der Sie ergänzend und gezielt bestimmte Arbeitsbereiche auf dem Schreibtisch ausleuchten können.

Als technische Richtwerte haben sich für die Lampen am Schreibtisch bewährt. „Beleuchtungstärke am Schreibtisch: mindestens 500 Lux, besser sind jedoch 750 der 1000 Lux. Die LED-Farbtemperatur sollte 5600 Kelvin betragen. Zum Arbeiten am PC ist gedämpftes Licht ideal. Für das Bearbeiten von Dokumenten ist direktes Licht am besten geeignet." (Büromöbel® Experte Ratgeber: Bürobeleuchtung – darauf sollten Sie achten, Dresden, 2020, *https://www.bueromoebel-experte.de/ratgeber/ergonomie-ratgeber/ buerobeleuchtung-darauf-sollten-sie-achten*, Abruf: 27.08.2021)

Die einzelnen Lampen sollten den Raum gleichmäßig beleuchten und Sie beim Arbeiten nicht blenden. Bei der Wahl des Lichtsystems sollten Sie auf Energieeffizienz achten. Das ist gar nicht einfach, da heute in den Geräten oft feste Lichtquellen verbaut werden, die nicht ersetzt werden können. Ist die Lichtquelle defekt, dann ist die Anschaffung einer neuen Lampe erforderlich.

 **Trend Tageslichtlampen**

Auch in den Herbst- und Wintermonaten verbringen Sie viel Zeit in der Schule und im Arbeitszimmer, Sie haben wenig Zeit für Spaziergänge in der Natur, abends wird es früh dunkel. Der Mangel an Tageslicht sorgt bei Ihnen für Müdigkeit, weil die Produktion des oben schon genannten Schlafhormons Melatonin stärker ist als die des munter machenden Hormons Seratonin. In den letzten Jahren setzt man im Büro- und Arbeitszimmer deshalb verstärkt auf sogenannte Tageslichtlampen, die für eine bestimmte Zeit die Lichtzufuhr Ihres Arbeitszimmers ergänzen können. Früher kannte man diese Leuchten in erster Linie aus der Lichttherapie, heute halten sie mehr und mehr Einzug in den Alltag und unterstützen auch Sie bei der Unterrichtsvor- und Nachbereitung am Schreibtisch und vor dem Bildschirm. Sie finden Tageslichtlampen im Fachhandel in unterschiedlichen Größen und Formen. Die Tageslichtlampe erzeugt ein Licht, das dem Tageslicht in der Natur sehr ähnlich ist. Sogenannte Vollspektrumlampen gleichen durch ihre Zusammensetzung dem Licht in der Natur nahezu zu 100 %.

Durch die „Dusche an Tageslicht" wird die Motivation und die Stimmung, wie bei einem Spaziergang in der Natur, verbessert und Sie werden feststellen, dass Ihnen die Unterrichtsvorbereitung gleich ein wenig leichter von der Hand geht.

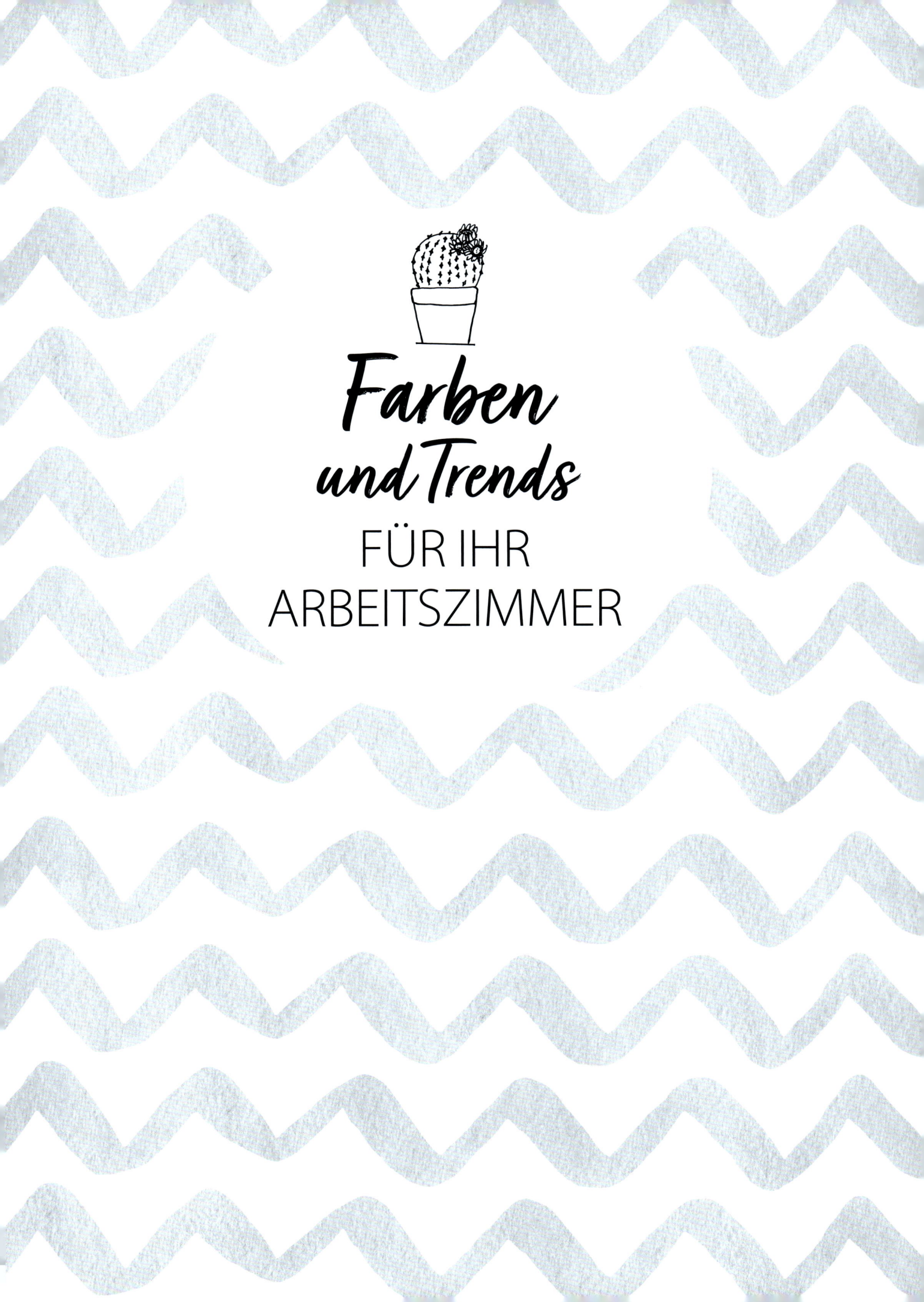

Farben und Trends
FÜR IHR ARBEITSZIMMER

In diesem Kapitel geht es um die individuelle Gestaltung Ihres Arbeitszimmers. Dabei spielen Farben eine große Rolle. Mithilfe von Farben können Sie Ihr Büro zu Ihrer ganz persönlichen Wohlfühloase machen. Holen Sie sich ein paar kreative Anregungen!

Farben und ihre Wirkung

Farben spielen in unserem Leben eine große Rolle, sie wirken sich unmittelbar auf unser Wohlbefinden aus. Doch welche Wirkung hat eine Farbe, welche Stimmung erzeugt sie? Hier eine Übersicht:

Blau: Blau steht für Ruhe. Nach einem langen Arbeitstag in der Schule sorgt die Farbe Blau für Beruhigung, sie senkt den Blutdruck und beruhigt die Atmung. Blau unterstützt die Konzentration und fördert die Lust auf lange Korrekturphasen im Arbeitszimmer.

Mint: Mint macht einen kühlen und frischen Eindruck. Die Farbe wirkt entspannend.

Rot: Rot liefert Energie und sorgt für Durchsetzungskraft. Rot aktiviert und wärmt, rote Farbe hält wach, verstärkt aber auch Spannungen.

Pink: Die Farbe Pink wirkt positiv und macht gute Laune. Die Farbe wird oft als mädchenhaft wahrgenommen.

Gelb: Gelb ist sonnig, fröhlich und beschwingt. Es hilft gegen trübe Stimmung. Gelb bringt Dinge zum Fließen, wenn man sich blockiert fühlt. Gelb ist voll positiver Energie und steht auch für Wissen, Vernunft und Logik. Gelb fördert die Konzentration und Kreativität und wirkt sich positiv auf die Kommunikation aus.

Orange: Orange macht gute Laune und sorgt für eine positive Stimmung, Orange wirkt anregend und vertreibt Langeweile.

Grün: Grün ist die Farbe der Natur. Grün wirkt beruhigend und sorgt für Harmonie, es steht für Ruhe und Sicherheit. Grün fördert die Kreativität. Grün beruhigt den Organismus und die Gedanken und bringt Körper, Geist und Seele in Einklang. Grün steht für Ruhe, Sicherheit und Kreativität.

Lila: Lila wirkt beruhigend und regt den Geist an. Benötigen Sie gute Ideen, künstlerisch-kreative Lösungen oder gerade viel Kraft, dann gestalten Sie Ihr Arbeitszimmer in Lila-Tönen!

Braun: Die Farbe Braun erdet, sorgt für Ruhe, Stabilität, Gemütlichkeit und unterstützt die Erholung.

Weiß: Weiß ist ein Symbol für Reinheit und Klarheit. Die Farbe lässt sich mit jeder anderen Farbe kombinieren, weil ihr Lichtspektrum alle Farben enthält. Weiß ist neutral, kann aber sehr chic sein, Weiß wirkt hell und freundlich, fällt auf und ist doch gleichzeitig dezent. Weiß wirkt elegant, aber auch unnahbar.

Grau: Grau wirkt neutral und wird oft mit Langeweile in Verbindung gebracht. Grau wirkt professionell und kann sich sogar, bei Auswahl des richtigen Farbtons, in Ihrem Arbeitszimmer warm anfühlen.

Schwarz: Schwarz wirkt seriös, für Arbeitsräume ist die Farbe aber oft zu dunkel.

(vgl. Plettscher, Ruth: Was Schönes für mich, Auer Verlag, 2019, S. 11–14)

Kleiner Exkurs zur Farbpsychologie

Schon Philosophen, Naturwissenschaftler und Dichter, wie da Vinci, Newton oder Goethe, haben sich intensiv mit dem Thema „Farben" auseinandergesetzt. Später spielten Farben auch zunehmend in der Psychologie eine Rolle und die sogenannte Farbenpsychologie entstand. Sie analysiert, wie Farben auf uns wirken. Welche Farbe welchen Effekt auf uns hat, hat unterschiedliche Wurzeln. Die jeweiligen Assoziationen liegen begründet in Gesellschaft und Religion, in der Natur oder in der eigenen Geschichte. Deshalb sind die Zuschreibungen von Farben und Empfindungen nicht für jeden einzelnen Menschen oder für alle Nationen gleich.

Die oben skizzierte Wirkung der Farben geht ebenfalls auf die Farbpsychologie zurück. Wenn Sie nun Ihr Arbeitszimmer farblich gestalten möchten, können Sie sich die Erkenntnisse der Farbpsychologie zunutze machen und diejenigen Farben auswählen, die für die gewünschte Stimmung in Ihrem Arbeitszimmer sorgen.

 ## Farbenlehre im Bauhaus und Entstehung der Farbberatung

Bekannte Künstler, wie Paul Klee, Johannes Itten oder Wassily Kandinsky, die vor etwa 100 Jahren im Bauhaus wirkten, beschäftigen sich dort ebenfalls mit Farben. Am bekanntesten ist sicherlich Johannes Itten mit seiner Farblehre. Er wird noch heute im Kunstunterricht behandelt, obwohl viele seiner Aussagen, aufgrund neuer Erkenntnisse, inzwischen kritisch diskutiert werden. Aus seiner Arbeit zu Farben und v. a. zu Farbkontrasten entstand die bekannte Farb- und Stilberatung, die auch bei der Einrichtung Ihres Arbeitszimmers eingesetzt werden kann. Itten beobachtete zunächst seine Studierenden und bemerkte, dass bestimmte Farben ihrer Kleidung sie besonders gut wirken ließen und dass sie diese Farben auch beim Malen am liebsten einsetzten. Diese Erkenntnisse wurden im letzten Jahrhundert von Suzanne Caygill und Carole Jackson mit dem Ziel weiterentwickelt, die Menschen in Ihrem Look und in Ihrer Umgebung zum Strahlen zu bringen. Man teilte hierzu Menschen anhand Ihrer Hautfarbe, Ihrer Haarfarbe und Ihrer Augenfarbe in vier Jahreszeiten ein und wies diesen Jahreszeiten bestimmte Wirkungen und Eigenschaften zu. In der Farbberatung ermittelt man den entsprechenden Typ durch das Verbinden von farbigen Tüchern mit dem Gesicht der Testperson. Hält man ein farbiges Tuch des richtigen Typs an das Gesicht, strahlt die Person von innen und außen, ist es ein Tuch des falschen Typs, dann wirkt die Person blass. Diese Erkenntnisse können Sie sich für die Auswahl der Farben im Arbeitszimmer zunutze machen.

Frühlingstyp: Rosa, Orange, Mint, Beige, Türkis

Sommertyp: Hellblau, Türkis, Rosa, Mint, Violett

Herbsttyp: Dunkelrot, Orange, Rotbraun, Khaki, Goldgelb

Wintertyp: Blau, Weiß, Schwarz, Rot, Pink

(vgl. Markert, Michael: Werkmodule Bauhaus-Vorkurs, Grundlagen der Mediengestaltung und Generative Bauhaus, Bauhaus-Universität Weimar, Weimar 2021 *https://www.uni-weimar.de/kunst-und-gestaltung/ wiki/Farbe*
(vgl. Caygill, Suzanne: Color: The Essence of You, Celestial Arts/Random House, New York, 1980.)

Farbenlehre nach Le Corbusier

Auch für Architekten spielen Farben bekanntermaßen eine wichtige Rolle. Le Corbusier, ein französischer Architekt, für den die Inneneinrichtung seiner Bauten von besonderer Bedeutung war, entwickelte vor etwa 100 Jahren die sogenannte Polychromie Architekturale, in welcher er 63 charakteristische Farben unterschiedlicher Harmonien zusammenstellte. Die Grundlage der einzelnen Farben bildete für Le Corbusier die Natur. Im Band „Buch der Farbenklaviaturen von Le Corbusier" können Sie Farbkombinationen für Ihr Arbeitszimmer auswählen (vgl. Le Corbusier: Polychromie architecturale: Farbenklaviaturen von 1931 und 1959/Color Keyboards from 1931 and 1959/Les claviers de couleurs de 1931 et de 1959 Gebundene Ausgabe, Birkhäuser, Basel, 2006.).

 ## Kurz zusammengefasst: Welche Farbe für welchen Raum?

• Helle Farben wirken positiv und lassen einen Raum größer wirken.
• Dunkle Farben wirken heimelig, jedoch in kleinen Räumen erdrückend.
• Verschiedene Farbkombinationen können einen Raum größer wirken lassen.
• Rot-, Orange- oder Brauntöne wirken anregend, Blau, Dunkelgrün und Mint wirken beruhigend.
• Alle Farben im Raum sollten miteinander harmonieren.
• Akzente machen Ihr Arbeitszimmer interessant.

 ## Trends für Ihr Arbeitszimmer

Wir leben in einer sich rasant verändernden Welt, Trends kommen und gehen, Medien und Werbung suggerieren uns, dass wir immer schneller neue Dinge benötigen. Wenn wir uns jedoch selbst gefunden haben, dann ist unser Geschmack oft von längerer Dauer. Auch einige Trends sind oft langlebiger als gedacht und können Einfluss auf die Gestaltung Ihres Arbeitszimmers nehmen. Hier ein kurzer Überblick über bekannte und neue Gestaltungsrichtungen, die Sie vielleicht inspirieren können.

Feng Shui

Beim Feng Shui handelt es sich um eine Harmonielehre aus China. Die Ursprünge des Feng Shui liegen in der für Chinesen wichtigen Lehre des Daoismus.

Man geht hier davon aus, dass alles miteinander in einer Verbindung oder Beziehung zueinander steht. Das schließt auch den Menschen mit ein – in seiner engsten Umgebung. Er kann durch bestimmte Schritte sein Wohlbefinden mitbeeinflussen, indem er Möbel und Gegenstände in der Wohnung oder im Haus ganz bewusst platziert und den Räumen so eine eigene Ordnung gibt.

Im Feng Shui ist es sehr wichtig, dass der Blick frei nach vorne gerichtet ist und der Rücken an der Wand Schutz findet. Ist diese Ideallösung beim Einrichten des Arbeitszimmers nicht möglich, lassen sich mit Hilfsmitteln ähnliche Effekte erzielen: Hinten dem Schreibtisch werden Rollos angebracht, ein hoher Schreibtischstuhl kann ebenfalls Rückenschutz bieten. An der Wand vor dem Schreibtisch sorgen Bilder für eine schöne Aussicht. Der Blick zur Tür sollte frei sein. Runde Formen im Raum unterstützen Kreativität und Kommunikation, eckige Formen kognitive Leistungen.

Im Feng Shui ist Ordnung wichtig. Ein freier Schreibtisch, eine gute Struktur der Materialien, eine übersichtliche Anordnung der Geräte und der Verzicht auf Unnützes zeichnen das Feng Shui aus.

In dieser Lehre spielen auch Farben eine wichtige Rolle, die an den fünf Elementen Wasser, Feuer, Erde, Metall und Holz orientiert sind.

Pflanzen unterstützen im Feng Shui das Wohlbefinden und sollten im Arbeitszimmer ebenfalls nicht fehlen, insbesondere auch, weil sie das Raumklima verbessern.
(Lesetipp: Sator, Günter: Feng Shui. Leben und Wohnen in Harmonie, Gräfe und Unzer, München, 2014.)

 Kraftorte

Vielleicht kennen Sie sogenannte Kraftorte in der Natur? Hier fühlen Sie sich richtig wohl, sind mit sich im Einklang, Sie schöpfen neue Kraft und entwickeln neue Ideen. Solche Kraftorte können Sie sich auch zu Hause durch die Gestaltung Ihres Arbeitszimmers schaffen.

Arbeitszimmer werden dann zu Kraftorten,
• wenn Sie Gemütlichkeit ausstrahlen und nicht nur Funktionalität.
• wenn Sie zu jeder Tageszeit genügend Licht bieten und das Arbeiten nicht zur Anstrengung wird.
• wenn Sie sich hier mit bequemen, ökologischen Möbeln umgeben, die bei Ihnen für Wohlbefinden sorgen.
• wenn Sie hier von schönen persönlichen Dinge aus verschiedenen Lebensphasen positiv begleitet werden, ohne dass diese sie hemmen und behindern.
• wenn Sie hier gerne an Ihre eigene Schul- und Berufslaufbahn erinnert werden, gerne in der Gegenwart arbeiten und Lust bekommen, die Zukunft zu gestalten.

Urban Jungle

Ein aktueller Trend, den Sie für Ihr Arbeitszimmer nutzen können, ist Urban Jungle. Sie müssen sich hierzu nicht in einer Großstadt befinden. Bei diesem Trend geht es ausschließlich darum, sich mit einer Fülle an Grünpflanzen zu umgeben, das Arbeitszimmer zu einem Dschungel zu machen. Und warum das Ganze? Weil Grünpflanzen das Arbeitszimmer verschönern, die Luft und die Sauerstoffzufuhr im Raum verbessern, Gifte und Feinstaub aus der Luft filtern, sie Ihre Leistungsfähigkeit und Konzentration während der Unterrichtsvorbereitung und langen Korrekturphasen verbessern und Krankheiten (Kopf, Kreislauf, Erkältung) vorbeugen. Geeignete Grünpflanzen sind: Bogenhanf, Efeutute, Birkenfeige (Ficus), Strahlen-aralie und Grünlilie. Ergänzt wird der neue Look durch Tapeten und Bilder mit Pflanzenmotiven sowie entsprechende Dekoration, Textilien, Tapeten oder Möbel aus Naturmaterialien.

 ### Skandinavischer Stil

Dieser Wohntrend findet sich aktuell überall, er ist auch für die Gestaltung Ihres Arbeitszimmers bestens geeignet. Er zeichnet sich durch drei Dinge aus: Er ist hell, schlicht und strukturiert. Zusätzlich bietet er Raum für Flexibilität und Lockerheit. Der Trend nimmt sich die skandinavische Landschaft zum Vorbild, deshalb spielt Nachhaltigkeit auch hier eine große Rolle. Besondere Lichtquellen unterstützen Ihre Büro-arbeit im Arbeitszimmer und zeigen Ihre Individualität.
(Lesetipp: Torp, Allan: Scandinavian Style: Das Einrichtungshandbuch Raum für Raum, Deutsche- Verlags-Anstalt, München, 2018.)

 ### Marie Kondo – Joy at Work

Marie Kondo ist die Aufräumqueen, die mit ihrer Konmari-Methode die ganze Welt zum Sortieren und Ausmisten gebracht hat. Ihre Devise lautet: entsorgen oder weggeben, was nicht glücklich macht, dem Rest jeweils einen ganz bestimmten Ort im Arbeitszimmer zuweisen und ihn dort ordentlich verstauen. Aus-gehend von dieser Methode hat die Autorin inzwischen mit einem Unternehmensberater einen Band für das Arbeitszimmer entwickelt. Nicht nur die Gestaltung, sondern verschiedene Aspekte des Arbeitslebens werden hier beleuchtet. Der Band ist nicht speziell für die Schule gedacht, jedoch können Sie gut einige Aspekte für Ihren Alltag übernehmen.
(Lesetipp: Kondo, Marie und Sonenshein, Scott: Joy at Work: Aufgeräumt und erfolgreich im Arbeitsleben. Wunderlich Verlag, 2020.)

Arbeitstechniken, Pausen, FAQ

Es ist davon auszugehen, dass Arbeiten im schulischen Kontext nicht zuletzt durch die Digitalisierung immer mehr von Strömungen aus der freien Wirtschaft beeinflusst werden wird. In diesem Kapitel stelle ich Ihnen Managementmethoden vor, die Sie in Ihrem Arbeitszimmer im Rahmen Ihrer häuslichen Arbeit erfolgreich einsetzen können und die Ihnen das Arbeiten erleichtern. Darüber hinaus erhalten Sie Tipps für die Entspannung und Gesundheitsförderung am häuslichen Arbeitsplatz.

 ## „First things first"

Nachdem Sie Ordnung und damit etwas mehr Ruhe in Ihr Arbeitszimmer gebracht haben, wenden Sie sich der Optimierung Ihrer Arbeitsweise zu. Verzichten Sie auf Multitasking und achten Sie auf eine klare Struktur – wenden Sie sich einer Aufgabe nach der anderen zu. Auf diese Weise agieren Sie effektiver. Beginnen Sie immer mit dem Anspruchsvollsten, denn zu Beginn können Sie sich am besten konzentrieren. Die entsprechende Methode aus der Wirtschaft heißt „First things first" und wurde von Stephen R. Covey entwickelt. Er rät zu folgender Priorisierung: „1. wichtig und dringend, 2. wichtig, aber keine Deadline, 3. dringend, aber nicht wichtig, 4. nicht dringend." Nicht dringend, aber fest eingeplant – das könnte das tägliche Aufräumen des Schreibtisches und das wöchentliche Aufräumen des Arbeitszimmers sein. (Lesetipp: Covey, S. R. (1996): First Things First, Free Press; Reprint Edition, Washington D.C.,1996.)

 ## Kanban für Lehrkräfte im Arbeitszimmer

Gleiches Problem – weitere Methode: Aktuell wird die Kanban-Methode im Rahmen der agilen Didaktik in der Lehrer*innenausbildung diskutiert. Kurz zusammengefasst bedeutet Kanban, dass man mit bestimmten Schritten das Arbeiten in der Klasse oder im Arbeitszimmer zu Hause flexibler macht. In der Klasse gehen Sie durch die Kanban-Methode weg vom genau geplanten Unterrichtsverlauf, im Arbeitszimmer nutzen Sie das Kanban-Bord, um Ihre Arbeit transparenter zu machen, indem Sie Prozesse genauer abbilden: Was muss ich in dieser Woche alles tun? Woran arbeite ich gerade? Was habe ich schon erledigt? Das Kanban-Board als Hilfsinstrument, z. B. angepinnt an eine Wand oder Pinnwand, kann helfen, nicht alles gleichzeitig zu tun.
(Lesetipp: Eisenberg, Florian: Kanban – mehr als Zettel. Wie die Methode Ihnen zu echtem Mehrwert verhilft, Carl Hanser Verlag, München, 2018.)

In klaren Strukturen denken

Sie haben Ihr Arbeitszimmer nicht nur aufgeräumt, sondern vielleicht auch neu strukturiert? Setzen Sie diese Entwicklung nun in Ihren Tagesplanungen fort! Legen Sie regelmäßige Aufgaben fest, die Sie, wie oben beschrieben, eine nach der anderen bearbeiten. Sie werden sehen, dass sich eine Routine entwickeln wird, die dazu führt, dass Sie nicht immer wieder neu überlegen müssen, was als Nächstes zu tun sein wird. Und wenn das Arbeitszimmer regelmäßig aufgeräumt wird und Ihre Unterlagen sortiert werden, dann bleibt die Ordnung im neuen, schönen Arbeitszimmer wie vovon selbst. Doch vergessen Sie nicht, regelmäßig Pausen zu machen! Gerade wenn Sie bis spät in der Nacht im Arbeitszimmer sitzen, sollten Sie unbedingt für kleine Auszeiten sorgen. Schaffen Sie sich im neuen Arbeitszimmer Flächen, auf denen Sie Ihr Wasser, Ihren Kaffee oder Ihren Tee und gesunde Snacks abstellen können. Planen Sie für zwischendurch Raum ein für kleine Bewegungseinheiten. Suchen Sie sich einen Aufbewahrungsort für das benötigte „Equipment". So vermeiden Sie herumliegende Sportmatten, leere Gläser, Teller und Tassen und Sie starten am nächsten Tag gleich wieder sortiert und aufgeräumt.
Denken Sie auch daran, während des Arbeitens ausreichend zu trinken. Stellen Sie sich hierzu die Getränke vor Arbeitsbeginn in Sichtnähe bereit. Verwenden Sie hübsche Gefäße, die Sie mit Früchten etc. anreichern und hübsch dekorieren. So werden Sie zum Trinken animiert und genehmigen sich eher einmal ein Schlückchen Wasser oder Tee. Denken Sie sich Rituale aus, die Sie auffordern, in regelmäßigen Abständen eine Trinkpause einzulegen. Sollte das nicht funktionieren, nutzen Sie Apps, die Sie regelmäßig daran erinnern, zu trinken.

 ## Flow nach Mihàly Csikszentmihàlyi

Sie haben sicherlich schon einmal vom Psychologen Mihàly Csikszentmihàlyi und dessen Flow-Theorie gehört. Csikszentmihàlyi geht davon aus, dass gestellte Anforderungen mit den vorhandenen Fähigkeiten einer Person in Einklang stehen müssen. Ist dies der Fall, dann kommt diese Person im eigenen Tun in einen „Flow-Zustand" und die Arbeit gelingt wie von selbst. (Lesetipp: auch Csikszentmihàlyi, M. (2019) Flow. Das Geheimnis des Glücks. Stuttgart: Klett-Cotta.)

Im Stehen arbeiten

Haben Sie sich für Ihr Arbeitszimmer einen höhenverstellbaren Schreitisch gegönnt, dann nutzen Sie diesen möglichst oft. Es tut Ihrer Gesundheit gut, Sie werden weniger schnell müde, Sie arbeiten wieder konzentrierter und effizienter und unterstützen Ihren Körper.

 Steuertipp Arbeitszimmer

Das Jobprofil einer Lehrkraft sieht vor, dass sie einen bestimmten Teil ihrer Arbeit zu Hause erledigt. Sie konnten deshalb bisher die Ausgaben für Ihr Arbeitszimmer bei Ihrer Einkommenssteuererklärung geltend machen und erhielten steuerliche Vergünstigungen. Das galt dann, wenn Sie über ein eigenes Arbeitszimmer verfügten und dieses allein für Ihre Arbeit nutzten. In kleinem Maße durften auch private Tätigkeiten ausgeführt werden (bis 10 %). Für Ausstattung, Renovierung Energieverbrauch und Co. konnten Sie als Lehrkraft maximal 1250 € als sogenannte Werbungskosten geltend machen, da das Arbeitszimmer nicht alleiniger Mittelpunkt Ihrer beruflichen Tätigkeit, jedoch für einen bestimmten Teil Ihres Arbeitslebens unverzichtbar war. Da Ihr Arbeitszimmer als Teil Ihrer Wohnung angesehen wurde, mussten Sie die Kosten anteilig berechnen. Dieses Modell gilt weiter, es berücksichtigte allerdings nicht diejenigen Kolleg*innen, die über kein eigenes Arbeitszimmer verfügten. Seit dem Jahr 2020 können nun auch diese Kolleg*innen über die Homeoffice-Pauschale Kosten für ihre Heimarbeit abrechnen. Angesetzt werden können 5 € täglich, jedoch maximal 600 € im Jahr, die über die Werbungskosten in der Einkommenssteuererklärung geltend gemacht werden können. Für die berechneten Tage greift die Pendlerpauschale nicht. (vgl. Reeb, Barbara und Sacher, Harald:, Kanzlei Prof. Dr. Baumann + Partner mbB, Ellwangen: Steuererklärung erstellen: Steuertipps für Lehrer, Ellwangen, 2020, *https://www.betzold.de/blog/steuer/#6*)